Bernadette Wörndl

DER GESCHMACK VON FRÜHLING

Saisonale Rezepte,
die glücklich machen

arsEdition

Inhalt

HERZHAFT

SÜSS

ERFRISCHEND

Geschichten

EIN SONNIGER TAG
LÄSST BLÜTENKNOSPEN
SPRIESSEN,
AUCH IN DEN HERZEN.

Karin Thießen

VORWORT

Bernadette Wörndl

 enn die Tage wieder länger werden und die Sonne die Luft erwärmt, dann verspüren wir neuen Mut und frische Energie in uns. Die Lust auf frisches Obst und Gemüse steigt, das Verlangen nach zartem Grün ist kaum noch zu bremsen.

In der noch kühlen Morgenluft in eine Decke gewickelt zieht es mich nach draußen. Dort kann ich bereits den ersten Wildkräutern und Blumen beim Erwachen und Wachsen zusehen. Junge Radieschenblätter lugen aus der Erde, Salatsetzlinge warten auf den Umzug ins Hochbeet. Dort drüben im Eck kann ich schon den ersten Rhabarber erspähen. Mit seinem süßen Duft von Holunderblüten erinnert mich der Frühling daran, dass Veränderung, Neubeginn und Wachstum Teil unseres Lebens sind und jeder Tag die Chance für Neues bietet.

Ich nehme mir vor, alte Gewohnheiten abzulegen, habe Lust auf neue Ideen und will mich auf das konzentrieren, was noch vor mir liegt und mir wirklich wichtig ist. Mit vielen frischen Rezeptideen im Kopf schlüpfe ich aus meinem Deckenkokon und spüre eine aufgeregte Freude in mir.

Ungeduldig wandere ich in die Küche und kann es kaum erwarten, all die frühlingshaften Gerichte und Rezepte auszuprobieren. Radieschen wollen fein gehobelt, Holunderblüten zu Sirup gekocht und Kräuter zu feinen Saucen gerührt werden. Auch für die zarten Radieschenblätter findet sich eine Verwendung.

Endlich ist er da, der *Frühling*, nicht nur eine Jahreszeit, vielmehr ein Gefühl, das unsere Herzen erblühen lässt.

HERZHAFT

Will dir den Frühling zeigen,
der hundert Wunder hat.
Der Frühling ist waldeigen
und kommt nicht in die Stadt.

Rainer Maria Rilke

FRÜHLINGSKRÄUTER-HUMMUS MIT GEWÜRZNÜSSEN

Hummus mit Gemüsesticks ist ein schneller, gesunder Snack und eignet sich wunderbar für das erste Picknick im Jahr. Jede Menge Grün kann in die feine Kichererbsencreme wandern – so wird es garantiert nie langweilig.

ZUTATEN

für 4 Portionen

Für das Hummus:

150 g **getrocknete Kichererbsen** · 1 TL **Natron** · 100 g **Tahina** · 1 Handvoll **Frühlingskräuter** oder **-blätter** (Vogelmiere, Sauerampfer, Radieschenblätter, Kerbel, Klee, Babyspinat …) plus mehr zum Garnieren · 3 EL **Olivenöl** plus mehr zum Beträufeln · Saft und fein abgeriebene Schale einer **Bio-Zitrone** · 2–3 **Eiswürfel** · **Salz**

Für die Gewürznüsse:

4 EL **Sesamöl** · je ½ TL **Fenchel-, Anis-** und **Koriandersamen** sowie **Chiliflocken** · 2 EL **Sesamsamen** · 4 EL **gesalzene Erdnusskerne**

Für das Hummus die Kichererbsen über Nacht in einer Schüssel in der doppelten Menge Wasser einweichen. Am nächsten Tag das Wasser abgießen und die Kichererbsen mit frischem Wasser und Natron in einen Topf geben. 30–40 Minuten weich kochen, dabei aufsteigenden Schaum abschöpfen. Gekochte Kichererbsen abseihen und kalt abschrecken.

Kichererbsen mit Tahina, Kräutern bzw. Blättern, 1 TL Salz, Olivenöl, Zitronensaft und -schale sowie den Eiswürfeln fein pürieren. So lange mixen, bis eine cremige, seidige Paste entstanden ist. Mit Salz abschmecken und in eine Schüssel geben.

Für die Gewürznüsse Sesamöl bei niedriger Hitze erwärmen. Gewürze, Sesam und Nüsse hinzufügen und unter Rühren rösten, bis Samen und Nüsse Farbe anzunehmen beginnen. Gewürznüsse in eine Schüssel geben und abkühlen lassen.

Hummus anrichten und mit Olivenöl beträufeln. Gewürznüsse darauf verteilen und mit Kräutern und Blättern garnieren.

RADIESCHENBROT

*Wenn die Tage wärmer und heller werden, sehnen wir uns
alle nach dem ersten frischen Gemüse. Radieschen zählen darunter
zu den Favoriten, auch weil sie so vielfältig einsetzbar sind.
Nicht nur die pinke Knolle will gegessen werden, auch das ge-
schmacklich an Senfblätter oder Rucola erinnernde Grün kann für
viele frühlingshafte Gerichte verwendet werden.*

ZUTATEN

für 4 Brote

1 Bund **Radieschen mit
Blättern** · 200 g **Frischkäse** · 3 EL
Radieschenblätterpesto (S. 16) ·
4 Scheiben **Sauerteigbrot** ·
1 Handvoll **Frühlingskräuter**
(Taubnessel, Schafgarbe, Dost …) ·
Olivenöl zum Beträufeln ·
Salz, Fleur de Sel und frisch
gemahlener **schwarzer Pfeffer**

TIPP

*Radieschenblätter machen sich
frisch gut im Salat, schmecken
aber auch wie Spinat gedünstet als
Füllung in Quiches, Strudeln oder
Ravioli sowie als Pizzabelag.*

Einige Radieschenblätter zum Garnieren beiseite-
legen (aus den restlichen Blättern Pesto wie auf
Seite 16 beschrieben zubereiten). Radieschen fein
hobeln oder mit einem Messer in feine Scheiben
schneiden. Frischkäse mit Pesto vermengen und
mit Salz und Pfeffer abschmecken.

Brotscheiben großzügig mit dem Pesto-Frischkäse
bestreichen, mit den Radieschenscheiben belegen
und mit den Frühlingskräutern sowie den beiseite-
gelegten Radieschenblättern garnieren. Mit Fleur
de Sel bestreuen, mit Olivenöl beträufeln und
servieren.

ES IST DOCH
IM APRIL FÜRWAHR
DER FRÜHLING WEDER
HALB NOCH GAR!
KOMM, ROSENBRINGER,
SÜSSER MAI,
KOMM DU HERBEI!
SO WEISS ICH,
DASS ES FRÜHLING SEI.

Eduard Mörike

RADIESCHENBLÄTTERPESTO

Ein Pesto, das sich wirklich auf jeder Speise gern sehen lässt. Ob ganz einfach zur Pasta, zum Verfeinern von Pizza und belegten Broten, als Marinade für Kartoffelsalat oder pur zum Dippen von Gemüsesticks. Im Frühling ist dieses Pesto einfach nicht wegzudenken.

ZUTATEN

für 2 Gläser à ca. 200 ml Fassungsvermögen

60 g **Haselnusskerne** · 1 Bund **Petersilie** oder **Kräuter nach Wahl** · Blätter von 1 Bund **Radieschen** · 80–100 ml **Olivenöl** plus mehr zum Bedecken · 1 TL **Apfelessig** · 1 EL **Tahina** · Saft und 1 TL fein abgeriebene Schale einer **Bio-Zitrone** · 1 TL **Salz**

Nüsse in einer Pfanne ohne Zugabe von Öl goldbraun rösten. Kräuterblätter und feine Stiele abzupfen. Dann alle Zutaten fein pürieren und abschmecken. Pesto in sterile Gläser füllen und fingerdick mit Olivenöl bedecken.

TIPP

2–3 EL Pesto mit 250 g Topfen oder Ricotta vermengt ergeben einen schnellen Dip und dieser eignet sich auch als Brotaufstrich oder Füllung für Ravioli.

SPARGEL-VANILLE-CREMESUPPE MIT CROÛTONS & KERBEL

Vanille verstärkt das feine Aroma von Spargel auf ganz besondere Weise. Frischer Kerbel und knusprige Croûtons ergänzen die Suppe perfekt. Da der Spargel uns nur für einen kurzen Moment beehrt, will jeder Löffel genossen werden.

ZUTATEN

für 4 Portionen

Für die Suppe:

1 kg **weißer Spargel** · 1 Bund **Wurzelgemüse** · 2 **Schalotten** · 2 EL **Butter** · 1 **mehligkochende Kartoffel** · 2 Zweige **Thymian** · 1 **Vanilleschote** · 1 Schuss **Weißwein** · ½ TL fein abgeriebene Schale einer **Bio-Zitrone** · **Salz** und frisch gemahlener **schwarzer Pfeffer**

Außerdem:

2 Scheiben **Brioche** · 2 EL **Olivenöl** · **Kerbel** zum Garnieren · **Salz** und **Fleur de Sel**

Für die Suppe die holzigen Enden vom Spargel abbrechen, die Stangen schälen und in 3 cm lange Stücke schneiden. Wurzelgemüse putzen, grob schneiden und zusammen mit den Spargelschalen und -abschnitten mit 700 ml kaltem Wasser in einem Topf aufkochen. Bei niedriger Hitze 30–60 Minuten ziehen lassen.

Schalotten schälen, fein würfeln und in der Butter einige Minuten glasig anschwitzen. Kartoffel schälen und grob würfeln. Spargelstücke, Kartoffelwürfel und Thymian zu den Schalotten geben und kurz mitdünsten.

Die Vanilleschote mit einem kleinen Messer längs halbieren und das Mark auskratzen. Mark und Schote in den Topf geben. Mit Weißwein ablöschen und die Flüssigkeit einige Minuten einreduzieren lassen. Dann die Spargel-Gemüse-Brühe und die

bitte umblättern …

Zitronenschale hinzufügen und alles etwa 20 Minuten köcheln lassen.

Währenddessen den Backofen auf 150 °C (Ober-/Unterhitze) vorheizen. Brioche in Würfel schneiden, mit 1 EL Olivenöl und etwas Salz auf einem mit Backpapier ausgelegten Backblech vermengen und verteilen. Im vorgeheizten Backofen auf mittlerer Schiene 8–10 Minuten goldbraun backen.

Thymianzweige aus dem Topf nehmen, die Suppe pürieren und mit Salz und Pfeffer abschmecken. Suppe in Schalen anrichten und mit den Brioche-Croûtons und Kerbel garnieren. Zum Schluss mit dem restlichen Olivenöl beträufeln, mit Fleur de Sel bestreuen und servieren.

TIPP

*Als Topping eignen sich
außerdem ein wachsweiches Ei,
sanft geschmorte Spargelspitzen
und geröstete Nüsse.*

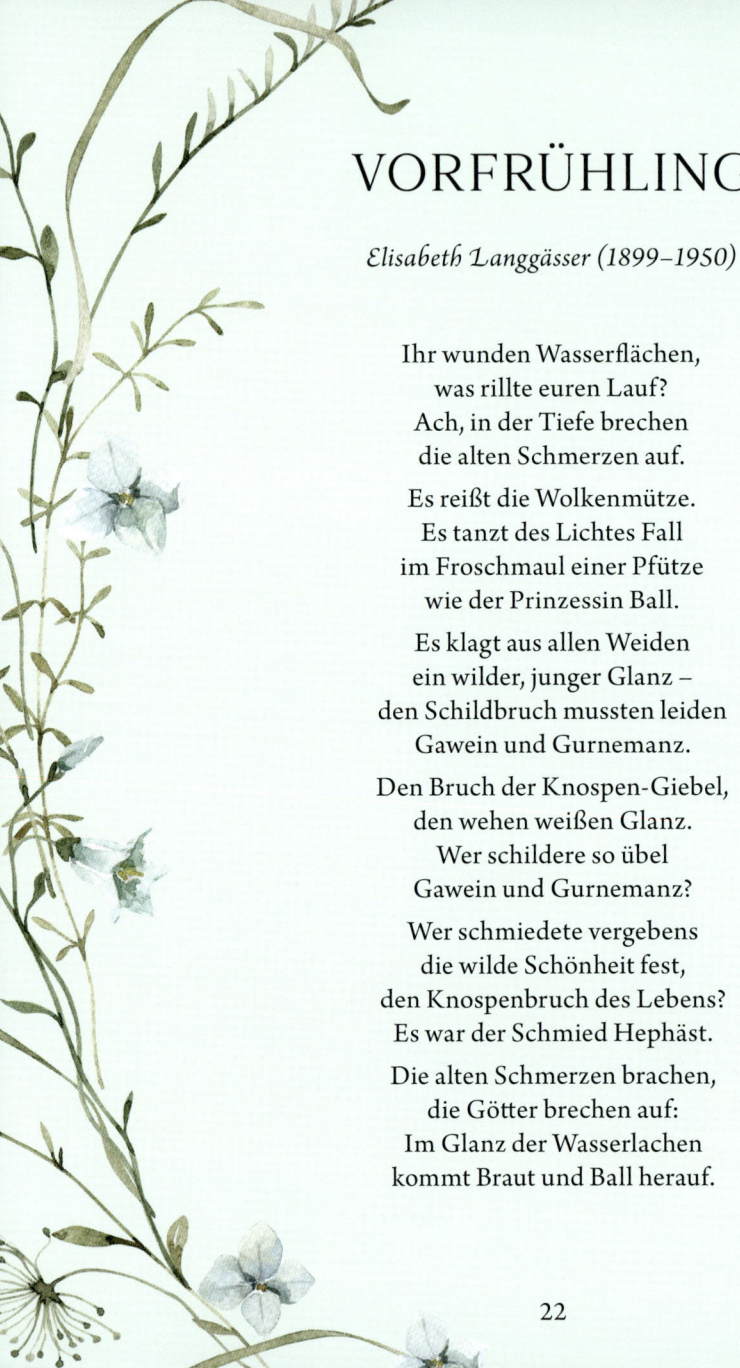

VORFRÜHLING

Elisabeth Langgässer (1899–1950)

Ihr wunden Wasserflächen,
was rillte euren Lauf?
Ach, in der Tiefe brechen
die alten Schmerzen auf.

Es reißt die Wolkenmütze.
Es tanzt des Lichtes Fall
im Froschmaul einer Pfütze
wie der Prinzessin Ball.

Es klagt aus allen Weiden
ein wilder, junger Glanz –
den Schildbruch mussten leiden
Gawein und Gurnemanz.

Den Bruch der Knospen-Giebel,
den wehen weißen Glanz.
Wer schildere so übel
Gawein und Gurnemanz?

Wer schmiedete vergebens
die wilde Schönheit fest,
den Knospenbruch des Lebens?
Es war der Schmied Hephäst.

Die alten Schmerzen brachen,
die Götter brechen auf:
Im Glanz der Wasserlachen
kommt Braut und Ball herauf.

FRÜHLING

Selma Meerbaum-Eisinger (1924–1942)

Sonne.

Und noch ein bisschen aufgetauter Schnee
und Wasser, das von allen Dächern tropft,
und dann ein bloßer Absatz, welcher klopft,
und Straßen, die in nasser Glattheit glänzen,
und Gräser, welche hinter hohen Fenzen
dastehen, wie ein halb verscheuchtes Reh …

Himmel.

Und milder, warmer Regen, welcher fällt,
und dann ein Hund, der sinn- und grundlos bellt,
ein Mantel, welcher offen weht,
ein dünnes Kleid, das wie ein Lachen steht,
in einer Kinderhand ein bisschen nasser Schnee
und in den Augen Warten auf den ersten Klee …

Frühling.

Die Bäume sind erst jetzt ganz kahl
und jeder Strauch ist wie ein weicher Schall
als erste Nachricht von dem neuen Glück.
Und morgen kehren Schwalben auch zurück.

GNOCCHI MIT
ERBSEN & SPROSSEN

*Wenn die ersten Erbsensprossen hoch hinaufranken,
ist der Frühling bereits in seiner Mitte. Die Lust auf frische,
grüne Gerichte wird immer größer – und dank der süßen
Sprossen und Erbsen rasch gestillt.*

ZUTATEN

für 4 Portionen

Für die Gnocchi:
370 g **mehligkochende Kartoffeln** ·
25 g **Butter** · 1 gute Prise frisch
geriebene **Muskatnuss** · 125 g
Quark (10 %) · 75 g **Spätzlemehl** ·
75 g **Weizengrieß** plus mehr für
das Blech · 1 TL **Kartoffelstärke** ·
2 **Eigelb** (M) · **Salz**

Für die Gnocchi die Kartoffeln mit der Schale
in Salzwasser weich kochen. Abseihen und die
Kartoffeln 5 Minuten im Topf ausdämpfen lassen.
Butter in einem kleinen Topf schmelzen.

Nun die Kartoffeln schälen und noch heiß durch
die Kartoffelpresse in eine Schüssel drücken.
Butter, 10 g Salz, Muskatnuss, Quark, Spätzlemehl,
Weizengrieß und Stärke hinzufügen und locker
vermischen. Zum Schluss die Eigelbe dazugeben
und alles behutsam und kurz verkneten.

Den Kartoffelteig am besten gleich weiterverarbei-
ten. Dazu den Teig vierteln und zu Rollen formen.
Mit dem Messer kleine Stücke abschneiden, zu
Kugeln formen und mithilfe einer Gabel oder
eines Gnocchibretts zu Gnocchi formen. Fertige
Gnocchi bis zur Verwendung auf ein mit Grieß bestreutes Blech legen.

Salzwasser in einem großen Topf zum Kochen
bringen und ca. ein Drittel der Gnocchi darin

bitte umblättern …

1 Bund **Petersilie** oder
eine **Kräutermischung** (Liebstöckel, Basilikum, Estragon ...) ·
100 ml **Olivenöl** plus mehr
zum Beträufeln · Saft und
fein abgeriebene Schale einer
halben **Bio-Zitrone** ·
600 g **Erbsenschoten**, alternativ
200 g aufgetaute TK-Erbsen ·
1 EL **Butter** · 1 Handvoll
Erbsensprossen · 20 g **Parmesan** ·
Salz und **Fleur de Sel**

garen, bis sie an die Oberfläche steigen. Danach noch 15 Sekunden ziehen lassen, dann die Gnocchi mit einem Schaumlöffel aus dem Wasser heben. Sofort in Eiswasser abschrecken und auf Küchenpapier abtropfen lassen. Mit den restlichen Gnocchi ebenso verfahren.

Kräuter, Olivenöl, Zitronensaft und -schale fein pürieren. Mit Salz abschmecken.

Erbsen aus den Schoten lösen und in kochendem Salzwasser knackig garen, danach in Eiswasser abschrecken und abtropfen lassen.

Butter in einer Pfanne schmelzen und aufschäumen lassen. Erbsen zusammen mit den Gnocchi in der Pfanne kurz erwärmen bzw. nach Belieben anbraten und auf Schüsseln verteilen. Mit den Erbsensprossen garnieren und mit Olivenöl beträufeln. Parmesan mit einem Sparschäler über die Gnocchi hobeln. Mit Fleur de Sel bestreut servieren.

TIPP

Die abgetropften Gnocchi können in einer verschlossenen Dose im Kühlschrank 2–3 Tage aufbewahrt werden.

DIE KIRSCHBLÜTEN
ATMEN DEN MORGEN AUS.
DIE VÖGEL SINGEN DIE
ENTFERNUNGEN ZURÜCK.

Matthias Buth

RICOTTA-AGNOLOTTI
MIT TAUBNESSELBUTTER

ZUTATEN

für 4 Portionen

Für den grünen Pastateig:
2 **Eier** (M) · 60 g **Blattspinat** ·
300 g **Hartweizengrieß** plus
mehr zum Verarbeiten

Für den gelben Pastateig:
2 **Eier** (M) · 2 **Eigelb** (M) ·
1 TL gemahlene **Kurkuma** ·
300 g **Hartweizengrieß**

Für die Füllung:
60 g **Parmesan** · fein abgeriebene
Schale einer halben **Bio-Zitrone** ·
400 g **Ricotta** · 1 **Eigelb** (M) ·
2 TL **Olivenöl** · 1 Prise frisch geriebene **Muskatnuss** · **Salz** und frisch
gemahlener **schwarzer Pfeffer**

Für die Taubnesselbutter:
150 g **Butter** · 40 **Taubnesselblätter**

Außerdem:
1 **Eiweiß** (M) · **Olivenöl** zum
Beträufeln · **Salz** und **Fleur de Sel**

Für den grünen Pastateig Eier und Spinat fein pürieren. Hartweizengrieß auf der Arbeitsfläche aufhäufen und in der Mitte eine Mulde formen. Die Eiermischung in die Mulde geben und mit einer Gabel rundherum von innen nach außen immer mehr Grieß untermischen. Die entstandenen Streusel mit den Händen zusammenfügen und zu einem glatten Teig verkneten. In Frischhaltefolie wickeln und 20 Minuten bei Zimmertemperatur ruhen lassen.

Für den gelben Teig Eier, Eigelbe und Kurkuma pürieren und wie beschrieben mit dem Hartweizengrieß verarbeiten.

Für die Füllung Parmesan fein reiben und mit den anderen Zutaten glatt rühren, in einen Spritzbeutel mit runder Tülle (8 mm Durchmesser) füllen und kalt stellen.

Die Teige getrennt voneinander mit dem Nudelholz auf einer mit Hartweizengrieß bestreuten Arbeitsfläche flach rollen, dann nacheinander mit der Nudelmaschine auf Stufe 1 so oft ausrollen, bis sich die Teige glatt anfühlen und die Teigplatten die volle Breite erreicht haben. Die verschiedenfarbigen Teigplatten nun übereinanderlegen und

bitte umblättern …

gut festdrücken. Den Teigstapel mit einem Messer quer halbieren und die zwei Teile erneut stapeln. In Frischhaltefolie wickeln und 15 Minuten bei Zimmertemperatur ruhen lassen.

Den Pastateig mit einem Messer in ca. 1 cm dünne Scheiben schneiden und diese mit der Nudelmaschine mit Stufe 1 beginnend bis zur vorletzten Stufe so ausrollen, dass längs gestreifte Teigbahnen entstehen. Die Teigbahnen längs halbieren.

Eine Teigbahn parallel zur Arbeitsflächenkante auf die mit etwas Hartweizengrieß bestreute Arbeitsfläche legen. Eiweiß und eine Prise Salz verquirlen und sehr dünn auf den Teig pinseln. Nun etwas oberhalb der Mitte eine Ricottabahn auf den Teig spritzen. Die untere Hälfte der Teigbahn über die Füllung legen und die Teigränder gut zusammendrücken. Den gefüllten Teig mit einem Finger jeweils im Abstand von 3–4 cm fest nach unten drücken. Mit einem Teigrad zunächst den oberen Rand zuschneiden, dann von unten nach oben durch die Vertiefungen schneiden und dabei darauf achten, dass die Ränder gut verschlossen sind. Die Agnolotti auf ein mit Hartweizengrieß bestreutes Blech legen und mit dem restlichen Teig und der restlichen Füllung ebenso verfahren.

Für die Taubnesselbutter die Butter in einer Pfanne schmelzen, Taubnesselblätter hinzufügen und ca. 5 Minuten bei mittlerer Hitze schmoren, bis die Butter nussig duftet und die Blätter braun zu werden beginnen. Vom Herd nehmen.

Agnolotti in einem großen Topf mit leicht kochendem Salzwasser 2–3 Minuten garen. Sobald sie aufgestiegen sind, noch 1 weitere Minute ziehen, anschließend in einem Sieb abtropfen lassen.

Agnolotti anrichten und die Taubnesselbutter darüber verteilen. Mit etwas Olivenöl beträufeln, mit Fleur de Sel bestreuen und servieren.

TIPP

Übrig gebliebenes Eiweiß kann gut eingefroren und zu einem späteren Zeitpunkt für Windgebäck, Teige oder Kuchen verwendet werden.

*Die Taubnessel begegnet uns bei fast jedem
Frühlingsspaziergang. Der Geschmack ihrer Blätter
erinnert ein wenig an den von Pilzen.*

SIZILISCHE GÄRTEN

Johann Wolfgang von Goethe (1749–1832)

 n dem öffentlichen Garten, unmittelbar an der Reede, brachte ich im Stillen die vergnügtesten Stunden zu. Es ist der wunderbarste Ort von der Welt. Regelmäßig angelegt, scheint er uns doch feenhaft; vor nicht gar langer Zeit gepflanzt, versetzt er ins Altertum. Grüne Beeteinfassungen umschließen fremde Gewächse, Zitronenspaliere wölben sich zum niedlichen Laubengange, hohe Wände des Oleanders, geschmückt von tausend roten nelkenhaften Blüten, locken das Auge. Ganz fremde mir unbekannte Bäume, noch ohne Laub, wahrscheinlich aus wärmern Gegenden, verbreiten seltsame Zweige. Eine hinter dem flachen Raum erhöhte Bank lässt ein so wundersam verschlungenes Wachstum übersehen und lenkt den Blick zuletzt auf große Bassins, in welchen Gold- und Silberfische sich gar lieblich bewegen, bald sich unter bemooste Röhren verbergen, bald wieder scharenweis, durch einen Bissen Brot gelockt, sich versammeln. An den Pflanzen erscheint durchaus ein Grün, das wir nicht gewohnt sind, bald gelblicher, bald bläulicher als bei uns. Was aber dem Ganzen die wundersamste Anmut verlieh, war ein starker Duft, der sich über alles gleichförmig verbreitete, mit so merklicher Wirkung, dass die Gegenstände, auch nur einige Schritte hintereinander entfernt, sich entschiedener hellblau voneinander absetzten, sodass ihre eigentümliche Farbe zuletzt verloren ging oder wenigstens sehr überbläut sie sich dem Auge darstellten.

Welche wundersame Ansicht ein solcher Duft entfernteren Gegenständen, Schiffen, Vorgebirgen erteilt, ist für ein malerisches Auge merkwürdig genug, indem die Distanzen genau zu unterscheiden, ja zu messen sind; deswegen auch ein Spaziergang auf die Höhe höchst reizend ward. Man sah keine Natur mehr, sondern nur Bilder, wie sie der künstlichste Maler durch Lasieren auseinandergestuft hätte.

Grüne Beeteinfassungen umschließen fremde Gewächse, Zitronenspaliere wölben sich zum niedlichen Laubengange, hohe Wände des Oleanders, geschmückt von tausend roten nelkenhaften Blüten, locken das Auge. Ganz fremde mir unbekannte Bäume, noch ohne Laub, wahrscheinlich aus wärmern Gegenden, verbreiten seltsame Zweige.

Aber der Eindruck jenes Wundergartens war mir zu tief geblieben; die schwärzlichen Wellen am nördlichen Horizonte, ihr Anstreben an die Buchtkrümmungen, selbst der eigene Geruch des dünstenden Meeres, das alles rief mir die Insel der seligen Phäaken in die Sinne sowie ins Gedächtnis. Ich eilte sogleich, einen Homer zu kaufen, jenen Gesang mit großer Erbauung zu lesen und eine Übersetzung aus dem Stegreif Kniepen vorzutragen, der wohl verdiente, bei einem guten Glase Wein von seinen strengen heutigen Bemühungen behaglich auszuruhen.

Palermo, Sonnabend, den 7. April

35

PASTA MIT PESTO

So einfach und einfach so gut! Pasta ist Wohlfühlessen pur.
Statt mit Basilikum lässt sich das Pesto auch mit Rucola, Spinat oder
gemischten Kräutern zubereiten. Unbedingt ausprobieren.

ZUTATEN

für 4 Portionen

Für das Basilikumpesto:
30 g **Parmesan** · 20 g **Pinienkerne** ·
1 Bund **Basilikum** · Saft und
etwas fein abgeriebene Schale
einer halben **Bio-Zitrone** ·
125 ml **Olivenöl** plus mehr zum
Beträufeln · **Salz** und frisch
gemahlener **schwarzer Pfeffer**

Außerdem:
400 g **Tagliatelle** · **Kräuter** nach
Belieben zum Garnieren · **Salz**

Für das Pesto Parmesan fein reiben. Pinienkerne in einer Pfanne ohne Zugabe von Öl goldgelb rösten. Basilikumblätter abzupfen. Dann alle Zutaten in einem Mörser fein zerstoßen (alternativ fein pürieren). Mit Salz und Pfeffer abschmecken.

Salzwasser in einem großen Topf aufkochen. Tagliatelle darin bissfest garen. Abseihen, dabei 100 ml Kochwasser auffangen.

Tagliatelle sofort mit dem Pesto vermischen, dabei einige Löffel Kochwasser untermengen. Pasta anrichten, mit Kräutern garnieren, mit Olivenöl beträufeln und servieren.

TIPP

Noch besser schmeckt es
mit selbst gemachter Pasta. Auch
diese geht wirklich sehr schnell:
Einfach einen der Teige von Seite 31
durch den passenden Aufsatz der
Nudelmaschine drehen und pasta!

PIZZA BIANCA MIT BRENNNESSELBLÄTTERN

*Pizza bianca – weiße Pizza, also solche ohne Tomatensauce –
mag ich besonders gern. Die vorher noch stacheligen Brennnesselblätter
werden hier gezähmt und so zu einem ganz besonderen Genuss.*

ZUTATEN

für 4 Pizzen

Für den Teig:
700 g **Pizzamehl** plus
mind. 200 g **Pizzamehl** zum
Verarbeiten · 2 g **Frischhefe**
(2 erbsengroße Kügelchen) ·
450 ml **kaltes Wasser** · 20 g **Salz** ·
Olivenöl zum Bestreichen

Für den Belag:
250 g **Ricotta** · 2 Kugeln
Mozzarella · 5–6 Stängel
Brennnessel · 20 g **Parmesan**
oder **Pecorino** · 8 EL **Olivenöl** ·
Fleur de Sel zum Bestreuen

Für den Teig am Vortag Mehl und Hefe in die Rührschüssel einer Küchenmaschine geben. Mit dem Knethaken auf niedrigster Stufe vermischen und das Wasser bei laufendem Motor in dünnem Strahl einfließen lassen. Ist das gesamte Wasser aufgenommen, den Teig 5 Minuten auf zweiter Stufe kneten. 10 Minuten in der Schüssel entspannen lassen.

Nun das Salz hinzufügen und den Teig weitere 5 Minuten kneten. Wieder 10 Minuten in der Schüssel entspannen lassen, dann den Teig auf der Arbeitsfläche mithilfe einer Teigkarte zu einer Kugel formen. Eine Schüssel mit Deckel leicht mit Olivenöl ausstreichen und den Teig hineinsetzen. Zugedeckt 2–3 Stunden bei Zimmertemperatur gehen lassen. (An warmen Tagen evtl. kürzer, an kalten länger.)

Teig vierteln, zu Kugeln formen und mit dem Schluss nach unten in kleine mit Olivenöl ausgestrichene Frischhaltedosen mit Deckel geben. Den Teig ebenfalls leicht mit Olivenöl bestreichen und

bitte umblättern …

12–24 Stunden zugedeckt im Kühlschrank gehen lassen. 1–3 Stunden vor der Zubereitung aus dem Kühlschrank nehmen.

30 Minuten vor dem Backen den Backofen auf maximale Leistung (250–300 °C, nur Grillfunktion, alternativ Ober-/Unterhitze) vorheizen. Dabei einen Pizzastein oder ein umgedrehtes Backblech auf der obersten Schiene platzieren.

Reichlich Mehl (mindestens 200 g) auf die Arbeitsfläche häufen. Eine Teigkugel darauflegen und mit Mehl bestreuen. Sanft zu einem runden Pizzaboden (ca. 25 cm Durchmesser) drücken und ziehen, dann auf einen passend zugeschnittenen Bogen Backpapier (1 cm größer als der Teig) legen.

Für den Belag jeweils ein Viertel der Zutaten verwenden: Ricotta auf dem Teig verteilen. Mozzarella grob zerzupfen und darauf verteilen. Brennnesselblätter vorsichtig (am besten mit Handschuhen) von den Stängeln streifen und auf der Pizza verteilen. Parmesan darüberreiben. Mit 1 EL Olivenöl beträufeln und die Pizza samt Backpapier mit einer Pizzaschaufel (alternativ mithilfe eines großen Holzbretts) auf den Pizzastein gleiten lassen. Nach ca. 1 Minute das Backpapier rasch unter der Pizza herausziehen und die Pizza fertig backen, bis der Rand die gewünschte Bräune erreicht hat. Restliche Pizzen ebenso zubereiten. Mit restlichem Olivenöl beträufeln, mit Fleur de Sel bestreuen und servieren.

TIPP

Der Pizzateig lässt sich nach dem letzten Gehen problemlos portionsweise in kleinen Tiefkühlbeuteln einfrieren. Vor der Verarbeitung 6–8 Stunden bei Zimmertemperatur auftauen lassen, dann wie gewohnt verwenden.

GEFÜLLTE EIER MIT FRÜHLINGSBLÜTEN & KRÄUTERN

Ein Klassiker, der gerade wieder in Mode kommt und mich immer an die Tupperware-Partys meiner Oma erinnert. Die Vollendung der Eier ist sehr gut zu variieren – sie können mit allem, was der Frühling hergibt, belegt bzw. dekoriert werden.

ZUTATEN

für 12 gefüllte Eier

6 **Eier** (M) · 50 g **Mayonnaise** · 1 TL **Dijonsenf** · 1 TL **Essig** oder **Essiggurkenlake** · **Kapernbeeren, Frühlingskräuter** und/oder **-blüten** (Schafgarbe, Kerbel, Wiesensalbei, Gundermann(blüten), Taubnessel, Gurkenblüten, Erbsensprossen, Borretschblüten, Gänseblümchen, Bärlauchblüten …) zum Garnieren · **Salz** und frisch gemahlener **schwarzer Pfeffer**

Wasser in einem Topf aufkochen. Sobald es sprudelt, die Eier hineinlegen und 8–9 Minuten hart kochen, anschließend kalt abschrecken und schälen. Längs halbieren, die Eigelbe mit einem kleinen Löffel vorsichtig herauslösen und in eine Schüssel geben.

Mayonnaise, Dijonsenf und Essig bzw. Essiggurkenlake zu den Eigelben geben und alles glatt pürieren. Mit Salz und Pfeffer abschmecken. Die Eigelbmasse in einen Spritzbeutel mit Sterntülle (ca. 1 cm Durchmesser) geben und in die Eiweißhälften füllen. Mit Kapernbeeren, Kräutern und/oder Blüten garnieren und servieren.

TIPP

Vor dem Servieren mit etwas Kräuteröl beträufeln. Als Topping eignen sich außerdem kleine Gewürzgurken, Anchovis oder gerösteter Speck.

BÄRLAUCHPESTO

Ein Glas Bärlauchpesto im Kühlschrank rettet das ein oder andere Abendessen. Ob für schnelle Pasta mit Pesto, mit Quark angerührt als Aufstrich oder als Würze für Soßen und Suppen. Und die allerletzten Reste im Glas verfeinern jedes Salatdressing.

ZUTATEN

für 2 Gläser à ca. 200 ml Fassungsvermögen

100 g **Hasel-** oder **Walnusskerne** · 20 g **Parmesan** oder anderer **Hartkäse** · 120 g **Bärlauch** · Saft sowie etwas fein abgeriebene Schale einer halben **Bio-Zitrone** · 125 ml **Olivenöl** plus mehr zum Bedecken · **Salz** und frisch gemahlener **schwarzer Pfeffer**

Nüsse in einer Pfanne ohne Zugabe von Öl goldbraun rösten. Käse reiben. Dann alle Zutaten fein pürieren und mit Salz und Pfeffer abschmecken. Pesto in sterile Gläser füllen und fingerdick mit Olivenöl bedecken.

TIPP

Wenn der Bärlauch zu blühen beginnt, machen sich die Knospen mit ihrem zarten Laucharoma gut als Garnitur. Auch weniger große Bärlauchfans lassen sich so häufig überzeugen.

SÜSS

Ach, seht doch, wie sich alles freut,
es hat die Welt sich schön erneut!
Der Lenz ist angekommen.

Christian August Vulpius

TOPFENKNÖDEL AUF ERDBEER-RHABARBER-RAGOUT

Erdbeere und Rhabarber geben sich nur einen Moment die Hand, doch wenn die Zeit reif ist, sollte man auf keinen Fall auf ihre Kombination verzichten. Durch das Rösten im Ofen wird beider Geschmack verstärkt, und wer Kardamom so sehr liebt wie ich, wird von diesem Ragout begeistert sein.

ZUTATEN

für 4 Portionen

Für das Ragout:
500 g **Erdbeeren** · 500 g **Rhabarber** · 50 g **Vollrohrzucker** · 4 **grüne Kardomomkapseln** · 4 Streifen Schale einer **Bio-Orange**

Für das Ragout den Backofen auf 200 °C (Ober-/Unterhitze) vorheizen. Erdbeeren putzen, je nach Größe halbieren oder vierteln und auf ein mit Backpapier ausgelegtes Backblech legen. Die Enden vom Rhabarber abschneiden, die Stangen in ca. 3 cm große Stücke schneiden und zu den Erdbeeren geben. Mit Vollrohrzucker bestreuen.

Kardamomsamen aus den Kapseln lösen, im Mörser nicht zu fein zerstoßen und gemeinsam mit der Orangenschale zu Erdbeeren und Rhabarber geben. Alles gut miteinander vermengen und im vorgeheizten Backofen auf mittlerer Schiene ca. 20 Minuten rösten.

Erdbeer-Rhabarber-Ragout samt Flüssigkeit in eine Schüssel oder ein Einmachglas geben und zur Seite oder in den Kühlschrank stellen.

bitte umblättern …

Für die Knödel:
250 g **Quark** (Topfen) (20 %) ·
40 g **Grieß** plus mehr für
den Teller · 20 g **Semmelbrösel** ·
2 EL **Sonnenblumenöl** · 1 **Ei** (M) ·
etwas fein abgeriebene Schale
einer **Bio-Zitrone** · 1 Prise **Salz**

Für die Butterbrösel:
30 g **Butter** · 80 g **Semmelbrösel** · 3 EL **Zucker** · ½ TL gemahlener **Zimt**

Außerdem:
Salz und **Zucker** für das Kochwasser · **Puderzucker** zum
Bestreuen · 3–4 Zweige **Minze**
zum Garnieren

Für die Knödel alle Zutaten mit einem Löffel vermengen und mindestens 20 Minuten oder über
Nacht abgedeckt kalt stellen. Aus dem Teig kleine
Knödel formen und auf einen mit Grieß ausge-
streuten Teller legen.

Einen großen Topf mit Wasser aufsetzen, je ½ TL
Salz und Zucker dazugeben und zum Kochen
bringen. Die Hitze reduzieren und die Knödel
vorsichtig ins Wasser gleiten lassen. Zugedeckt bei
sehr niedriger Hitze 15–20 Minuten ziehen lassen.

Für die Brösel währenddessen die Butter in einer
Pfanne aufschäumen. Semmelbrösel darin mit
Zucker und Zimt goldgelb rösten.

Knödel aus dem Wasser heben, kurz auf Küchenpapier abtropfen lassen und in den Bröseln
wenden. Knödel auf dem lauwarmen oder kalten
Ragout anrichten, mit weiteren Bröseln und
Puderzucker bestreuen und mit frischer Minze
garnieren.

TIPP

*Das Ragout schmeckt auch gut zu
Panna cotta, als Begleiter von Kuchen,
über Eiscreme, ganz einfach mit einem
Glas Naturjoghurt oder als Topping für
Porridge oder Pancakes.*

AM ENDE DES
FRÜHLINGSTAGS
VERWEILT DORT,
WO WASSER IST,
NOCH DAS
ABENDLICHT.

Kobayashi Issa

GRANOLA MIT TANNEN-WIPFELHONIG & ERDBEEREN

*Ein Frühstück, das schnell zubereitet ist
und sich wunderbar variieren lässt. Mein Favorit
in jeder Jahreszeit.*

ZUTATEN

*für 4 Portionen sowie ein kleines
Vorratsglas Granola*

Für das Granola:
80 g **Tannenwipfelhonig** (S. 56)
oder **Honig** · 150 g **Nüsse** (Haselnusskerne, Mandeln, Walnusskerne …) · 200 g **Haferflocken** ·
50 g **Rosinen** · 50 g **Leinsamen** ·
50 g **Sonnenblumenkerne** ·
50 g **Kürbiskerne** · 25 g **Buch-
weizen** · 2 EL **Sesamsamen** ·
Saft und 1 TL fein abgeriebene Schale einer **Bio-Orange** ·
¼ TL **Salz** · 1 TL gemahlener **Zimt** ·
70 ml **Olivenöl**

Außerdem:
800 g **Naturjoghurt** ·
250 g **Erdbeeren** · **Tannenwipfelhonig** zum Beträufeln ·
Kamillenblüten zum Garnieren

Für das Granola den Backofen auf 170 °C (Ober-/
Unterhitze) vorheizen. Honig in einem kleinen
Topf leicht erwärmen. Große Nusskerne grob hacken. Alle Zutaten für das Granola in einer Schüssel
gut vermengen und auf einem mit Backpapier ausgelegten Backblech verteilen. 25–30 Minuten im
vorgeheizten Backofen auf mittlerer Schiene goldbraun rösten, dabei alle 10–15 Minuten umrühren.

Granola abkühlen lassen (erst dann wird es
knusprig) und in einem Glas mit Deckel luftdicht
aufbewahren. So ist es ca. 3 Monate haltbar.

Joghurt auf Schüsseln verteilen. Erdbeeren putzen
und in mundgerechte Stücke schneiden. Granola
und Erdbeeren auf dem Joghurt anrichten, mit
Tannenwipfelhonig beträufeln und mit Kamillenblüten garnieren.

TANNENWIPFELHONIG

Wenn im Mai die Tannen- oder Fichtenwipfel von den Bäumen blinzeln, heißt es schnell sein, um die zarten Spitzen zu ernten. Ihnen wird eine antiseptische Wirkung nachgesagt und sie sollen auf ganz natürliche Weise bei Husten und Erkältungen helfen. Obendrein schmecken sie nach süßem Wald. Respektvoller Umgang mit Wald und Bäumen hat beim Sammeln jedoch immer Vorrang – die Bäume brauchen die Wipfel für das Wachstum. Daher ist es wichtig, nur zwei bis drei Spitzen pro Ast zu pflücken, damit der Baum keinen Schaden nimmt.

ZUTATEN

für 2 Gläser à ca. 250 ml Fassungsvermögen

100 g **Tannen-** oder **Fichtenwipfel** (im Mai gesammelt) · 400 ml kaltes **Wasser** · 200 g **Zucker** · Saft einer halben **Zitrone**

Tannen- bzw. Fichtenwipfel in einen Topf geben, mit dem kalten Wasser bedecken und mit einem Teller beschweren, damit die Wipfel unter Wasser gedrückt werden. Über Nacht an einem kühlen Ort durchziehen lassen.

Am nächsten Tag die Wipfel samt Flüssigkeit erwärmen und 1 Stunde bei niedriger Hitze simmern lassen. Die Flüssigkeit sollte zu Beginn etwa fingerbreit über den Wipfeln stehen.

Den Sud anschließend in einen zweiten Topf abseihen. Mit Zucker und Zitronensaft 3 ½–4 Stunden bei mittlerer Hitze ohne Deckel zu Sirup einkochen. Sobald die Flüssigkeit dicker wird und die Konsistenz an Honig erinnert, ist der Tannenwipfelhonig fertig. Noch heiß in sterile Gläser füllen und diese verschließen. Gut gekühlt hält er sich bis zu 1 Jahr.

VEILCHEN

Adalbert Stifter (1805–1868)

Heute ist weithin heiterer Himmel mit tiefem Blau, die Sonne scheint durch mein geöffnetes Fenster; das draußen schallende Leben dringt klarer herein, und ich höre das Rufen spielender Kinder. Gegen Süden stellen sich kleine Wolkenballen auf, die nur der Frühling so schön färben kann; die Metalldächer der Stadt glänzen und schillern, der Vorstadtturm wirft goldne Funken, und ein ferner Taubenflug lässt aus dem Blau zuzeiten weiße Schwenkungen vortauchen.

Wäre ich ein Vogel, ich sänge heute ohne Aufhören auf jedem Zweige, auf jedem Zaunpfahle, auf jeder Scholle, nur in keinem Käfig – und dennoch hat mich der Arzt in einen gesperrt und mir Bewegung untersagt; deshalb sitze ich nun da, dem Fenster gegenüber, und sehe in den Lenz hinaus, von dem ein Stück gütig zu mir hereinkommt. Auf dem Fenstergesimse stehen Töpfe mit Levkojenpflänzchen, die sich vergnüglich sonnen und ordentlich jede Sekunde grüner werden; einige Zweige aus des Nachbars Garten ragen um die Ecke und zeigen mir wie frohe Kinder ihre kleinen, lichtgrünen, unschuldigen Blättchen.

Zwei alte Wünsche meines Herzens stehen auf. Ich möchte eine Wohnung von zwei großen Zimmern haben, mit wohlgebohnten Fußböden, auf denen kein Stäubchen liegt; sanftgrüne oder perlgraue Wände, daran neue Geräte, edel, massiv, antik einfach, scharfkantig und glänzend; seidne graue Fenstervorhänge wie matt geschliffenes Glas, in kleine Falten gespannt und von seitwärts gegen die Mitte zu ziehen. In dem einen der Zimmer wären ungeheure Fenster, um Lichtmassen hereinzulassen und mit obigen Vorhängen für trauliche Nachmittags-dämmerung. Rings im Halbkreise stände eine Blumenwildnis, und mitten darin säße ich mit meiner Staffelei und versuchte, endlich jene Farben zu erhaschen, die mir ewig im Gemüte schweben und nachts durch meine Träume dämmern – ach, jene Wunder, die in Wüsten prangen, über Ozeane schweben und den Gottesdienst der Alpen feiern helfen. An den Wänden hinge ein oder der andere Ruysdael oder ein Claude, ein sanfter Guido und Kindergesichtchen von Murillo. In dieses Paphos und Eldorado ginge ich dann nie anders als nur mit der unschuldigsten, glänzendsten Seele, um zu malen oder mir sonst dichterische Feste zu geben. Ständen noch etwa zwischen dunkelblättrigen Tropengewäch-sen ein paar weiße, ruhige Marmorbilder alter Zeit, dann wäre freilich des Vergnügens letztes Ziel und Ende erreicht.

In dieses Paphos und Eldorado ginge ich dann nie anders als nur mit der unschuldigsten, glänzendsten Seele.

Sommerabends, wenn ich für die Blumen die Fenster öffnete, dass ein Luftbad hereinströme, säße ich im zweiten Zimmer, das das gemeine Wohngehäuse mit Tisch und Bett und Schrank und Schreibtisch ist, nähme auf ein Stündchen Vater Goethe zuhanden oder schriebe oder ginge hin und wieder oder säße weit weg von der Abendlampe und schaute durch die geöffneten Türflügel nach Paphos, in dem bereits die Dämmerung anginge oder gar schon Mondenschein wäre, der im Gegensatze zu dem trübgelben Erze meines Lampenlichtes schöne weiße Lilientafeln draußen auf die Wände legte, durch das Gezweig spielte, über die Steinbilder glitte und Silbermosaik auf den Fußboden setzte. Dann stellte ich wohl den guten Refraktor von Fraunhofer, den ich auch hätte, auf, um in den Licht- und Nebelauen des Mondes eine halbe Stunde zu wandeln; dann suchte ich den Jupiter, die Vesta und andere, dann unersättlich den Sirius, die Milchstraße, die Nebelflecken; dann neue, nur mit dem Rohre sichtbare Nebelflecken, gleichsam durch tausend Himmel zurückgeworfene Milchstraßen. In der erhabenen Stimmung, die ich hätte, ginge ich dann gar nicht mehr, wie ich leider jetzt abends tun muss, in das Gasthaus, sondern …

Doch dies führt mich auf den zweiten Wunsch: nämlich außer obiger Wohnung von zwei Zimmern noch drei anstoßende zu haben, in denen die allerschönste, holdeste, liebevollste Gattin der Welt ihr Paphos hätte, aus dem sie zuweilen hinter meinen Stuhl träte und sagte: Diesen Berg, dieses Wasser, diese Augen hast du schön gemacht. Zu dieser Außerordentlichen ihres Geschlechts ginge ich nun an jenem Abend hinein, führte sie heraus vor den Fraunhofer, zeigte ihr die Welten des Himmels und ginge von einer zur andern, bis auch sie ergriffen würde von dem Schauder dieser Unendlichkeit – und dann fingen begeisterte Gespräche an, und wir schauten gegenseitig in unsere Herzen, die auch ein Abgrund sind, wie der Himmel, aber auch einer voll lauter Licht und Liebe, nur einige Nebelflecke abgerechnet; – oder wir gingen dann zu ihrem Pianoforte hin, zündeten kein Licht an (denn der Mond gießt breite Ströme desselben bei den Fenstern herein), und sie spielte herrliche Mozart, die sie auswendig weiß, oder ein Lied von Schubert oder schwärmte in eigenen Fantasien herum – ich ginge auf und ab oder öffnete die Glastüren, die auf den Balkon führen, träte hinaus, ließe mir die Töne nachrauschen und sähe über das unendliche Funkengewimmel auf allen Blättern und Wipfeln unseres Gartens, oder wenn mein Haus an einem See

Und wir schauten gegenseitig in unsere Herzen, die auch ein Abgrund sind, wie der Himmel, aber auch einer voll lauter Licht und Liebe.

stände – Aber, siehst du, so bin ich – da wachsen die zwei Wünsche, dass sie mir am Ende kein König mehr verwirklichen könnte. Freilich wäre alles das sehr himmlisch, selbst wenn vorderhand nur die zwei Zimmer da wären, auch mit etwas geringern Bildern; denn die Herrliche, die ich mir einbilde, wäre ja ohnedies nicht für mich leidenschaftlichen Menschen, der ich sie vielleicht täglich verletzte, wenn mich nicht etwa die Liebe zu einem völlig sanften Engel umwandelte. Indessen aber stehe ich noch hier und habe Mitleid mit meiner Behausung, die nur eine allereinzige Stube ist mit zwei Fenstern, durch die ich auf den Frühling hinausschaue, zu dem ich nicht einmal hinausdarf, und an Wipfeln und Gärten ist auch nichts Hinreichendes, außer den paar Zweigen des Nachbarn, sondern die Höhe der Stube über andern Wohnungen lässt mich wohl ein sattsames Stück Himmel erblicken, aber auch Rauchfänge genug und mehrere Dächer und ein paar Vorstadttürme. Die südlichen Wolken stellten sich indessen zu artigen Partien zusammen und gewinnen immer liebere und wärmere Farben. Ich will, da ich schon nicht hinausdarf, einige abzustehlen suchen und auf der Leinwand aufzubewahren. – Ich schrieb das Obenstehende heute morgens und malte fast den ganzen Tag Luftstudien. Abends begegnete mir ein artiger Vorfall. Auch moralischen und sogar zufälligen Erscheinungen geht manchmal ihre Morgenröte vorher. Schon seit vielen Wochen ist mir die Bekanntschaft eines jungen Künstlers versprochen worden. Heute wurde er als Krankenbesuch von zwei Freunden gebracht, und siehe da! Es war derselbe junge, schöne Mann, den ich vor zwei Tagen auf dem Spaziergange, der mir mein jetziges Halsweh zuzog, gefunden hatte. Ich erkannte ihn augenblicklich und war fast verlegen; er gab kein Zeichen, dass er auf den Spaziergänger geachtet habe, der so dreist in sein Gesicht und Studienbuch geschaut hat. Der Besuch war ein sehr angenehmer, und die Bitte um Wiederholung wurde zugesagt. Sein Name ist Lothar Disson, und sein vorzugsweises Fach die Landschaft; doch soll er auch sehr glücklich porträtieren.

RHABARBER-PISTAZIEN-TARTE

Mit dieser Tarte wird der Rhabarber gebührend gefeiert.
Sie gelingt aber auch mit Aprikosen, Pfirsichen oder Zwetschgen,
welche ohne Vorgaren auf die Tarte wandern können. Statt
Pistaziencreme schmeckt auch Mandel- oder Haselnusscreme.

ZUTATEN

für eine Tarte

Für den Rhabarber:

250 g **Rhabarber** · 100 g **Zucker** ·
100 ml **Wasser** · ½ **Vanilleschote** ·
1 Streifen Schale einer **Bio-Orange**

Für den Mürbteig:

90 g **kalte Butter** plus **weiche
Butter** für die Form · 175 g
Weizenmehl plus mehr für die
Arbeitsfläche · 1 Prise **Salz** · 160 g
Puderzucker · 1 **Eigelb** (M)

Für die Creme:

100 g **ungesalzene Pistazien-kerne** · 70 g **Butter** · Mark einer
halben **Vanilleschote** · 50 g
Zucker · 1 **Eiweiß** (M)

Für den Rhabarber die Enden der Stangen abschneiden und die Stangen in ca. 20 cm lange Stücke schneiden. Zucker und Wasser in einem Topf unter Rühren aufkochen und unter weiterem Rühren so lange köcheln lassen, bis sich der Zucker aufgelöst hat. Vanilleschote mit einem kleinen Messer längs halbieren und das Mark auskratzen. Rhabarber, Vanillemark und -schote sowie Orangeschale zum Sirup geben und 3 Minuten mitkochen. Topf vom Herd nehmen und den Rhabarber mindestens 1 Stunde im Sirup ziehen lassen. (Der Rhabarber sollte dabei vollständig vom Sirup bedeckt sein. Falls der Topf dafür zu groß ist, Rhabarber samt Sirup in eine Porzellanform geben und darin fertig ziehen lassen.)

Für den Teig die Butter würfeln. Mehl mit Salz mischen und mit der Butter zwischen den Fingerkuppen zerbröseln. Nun Puderzucker und Eigelb hinzufügen und alles rasch zu einem glatten Teig

bitte umblättern …

15 g **geschmolzene Butter** ·
1 EL **Zucker** zum Bestreuen ·
1 Handvoll **ungesalzene
Pistazienkerne**

verkneten. Teig leicht flach drücken, in Frischhaltefolie wickeln und im Kühlschrank mindestens 30 Minuten ruhen lassen.

Währenddessen **für die Creme** die Pistazien in der Küchenmaschine sehr fein mahlen. Die Butter schmelzen. Dann beides mit Vanillemark, Zucker und Eiweiß zu einer Paste vermengen.

Den Backofen auf 180 °C (Ober-/Unterhitze) vorheizen.

Den Teig auf einer bemehlten Arbeitsfläche 3–4 mm dick ausrollen. Eine Tarteform (ca. 20 cm Durchmesser) mit weicher Butter ausstreichen, mit dem Teig auskleiden und die Ränder mit einem kleinen Messer glatt abschneiden. Die Pistaziencreme auf dem Teig verteilen.

Rhabarber aus dem Sirup nehmen und in dünne Streifen schneiden. Rhabarberstreifen auf die Tarte legen und am Rand zurechtschneiden. Rhabarber mit geschmolzener Butter bepinseln und mit Zucker bestreuen.

Die Tarte im vorgeheizten Backofen auf mittlerer Schiene 30–40 Minuten goldbraun backen. Eventuell ein- bis zweimal im Ofen drehen, damit sie gleichmäßig bäckt. Währenddessen den Sirup vom Rhabarber dickflüssig einkochen.

Den Sirup auf die noch warme Tarte streichen. Pistazien grob hacken und rundherum auf den Rand der Tarte streuen.

DER TAG LAG
WIE EIN GESCHENK
VOR MIR.
EIN TAG WIE
EIN BLUMENSTRAUSS.
EIN TAG IN WEISSEM
SEIDENPAPIER.
ICH PACKTE IHN
ZITTERND AUS.

Frantz Wittkamp

HIMBEER-BISKUITROULADE MIT MASCARPONECREME

Flaumiger Biskuit, cremiger Mascarpone und frische Himbeeren werden sich immer lieben! Dieses Rezept backe ich seit meinem achten Lebensjahr und außerdem jedes Jahr mit Erdbeeren zum Muttertag. Die allerersten Himbeeren werden meist in den letzten Tagen des Frühlings reif – ihr fruchtig-süßer Geschmack lässt schon den Sommer erahnen.

ZUTATEN

für eine Biskuitroulade

Für den Biskuit:
6 **Eier** (M) · 1 Prise **Salz** ·
50 g **Zucker** · 100 g **Puderzucker** ·
150 g **Weizenmehl**

Für die Creme:
250 ml **Schlagsahne** · 250 g
Mascarpone · 3 EL **Zucker** · etwas
fein abgeriebene Schale einer
Bio-Zitrone · Mark einer halben
Vanilleschote

Außerdem:
200 g **Himbeeren** · **Puderzucker**
zum Bestreuen

Für den Biskuit den Backofen auf 180 °C (Ober-/Unterhitze) vorheizen. Die Eier trennen. Eiweiße mit Salz und Zucker zu Schnee schlagen. Eigelbe mit Puderzucker in der Küchenmaschine 5 Minuten cremig aufschlagen. Eischnee abwechselnd mit dem gesiebten Mehl vorsichtig unter die Eigelbmasse ziehen, bis alles gut vermengt ist.

Den Teig auf einem mit Backpapier ausgelegten Backblech verstreichen und im vorgeheizten Backofen auf mittlerer Schiene 15–20 Minuten backen. Herausnehmen, den Biskuit sofort aufrollen und auskühlen lassen.

Für die Creme die Sahne steif schlagen. Mascarpone mit Zucker, Zitronenschale und Vanillemark glatt rühren und die Sahne unterheben.

Den Teig vorsichtig auseinanderrollen, das Backpapier abziehen, den Biskuit mit der Creme bestreichen, mit Himbeeren belegen und wieder zusammenrollen. Mit Puderzucker bestreut servieren.

FEIGENBLATT-PANNA-COTTA

Der Duft, der sich in der Nase festsetzt, wenn man an einem Feigenbaum vorbeiläuft, wird mich immer an meine Reise nach Sizilien erinnern. Dort wurde mir erst bewusst, dass Geruch und Geschmack von Feigenblättern ganz zart an Kokos erinnern.

ZUTATEN

für 4 Portionen

1 **Vanilleschote** · 500 ml
Schlagsahne · 150 g **Zucker** ·
1 Prise **Salz** · 6 **frische
Feigenblätter** plus Feigenblätter
zum Garnieren · 6 Blatt **Gelatine** ·
Agavensirup zum Beträufeln
nach Wunsch

TIPP

Einfangen kann man sich den Feigenduft für das restliche Jahr, indem die Blätter im Backofen leicht angeröstet werden, bis sich der Duft in der Küche breitgemacht hat (bei 170 °C 5–8 Minuten). In gut verschließbaren Gläsern halten sich die Feigenblätter bis zum nächsten Frühling und können einfach mitgekocht werden.

Die Vanilleschote mit einem kleinen Messer längs halbieren und das Mark auskratzen. Sahne, Zucker, Salz, Vanillemark und -schote in einem Topf erhitzen, aber nicht aufkochen. Feigenblätter einlegen, vom Herd nehmen und 1 Stunde durchziehen lassen. Anschließend abseihen und die Flüssigkeit in einem zweiten Topf auffangen.

Die Gelatine in kaltem Wasser einweichen. Feigenblattsahne erneut erhitzen, aber nicht aufkochen, dann von der Herdplatte ziehen. Die Gelatine gut ausdrücken und in der warmen Sahne schmelzen lassen. Sahne nun in Förmchen, Gläser oder Porzellantassen füllen und ca. 6 Stunden oder über Nacht kühl stellen, bis die Creme fest geworden ist.

Teller mit Feigenblättern auslegen. Förmchen eventuell kurz in warmes Wasser tauchen, damit sich die Panna cotta leichter stürzen lässt. Panna cotta mithilfe eines kleinen, spitzen Messers vorsichtig rundherum vom Rand der Förmchen lösen und auf die Feigenblätter stürzen. Nach Wunsch mit Agavensirup beträufeln.

ERFRISCHEND

Der Lenz entflieht!
Die Blume schießt in Samen,
und keine bleibt von allen,
welche kamen.

Friedrich von Schiller

HOLUNDERBLÜTEN-ESSIG

Dieser Essig ist so vielseitig verwendbar wie kaum ein anderer. Zudem lässt er sich wunderbar als kleine Aufmerksamkeit verschenken.

ZUTATEN

für 1 Flasche à ca. 1 l Fassungsvermögen

15 **Holunderblütendolden** ohne Stängel (ca. 100 g) ·
1 l **weißer Balsamicoessig** ·
1 Streifen Schale einer **Bio-Zitrone** oder **-Orange**

Alle Zutaten in ein großes steriles Einmachglas füllen, ein Baumwolltuch über die Öffnung legen und mit einem Gummiband befestigen. In der Küche auf der Arbeitsfläche 6–7 Tage ziehen lassen, dabei alle 2 Tage vorsichtig schütteln.

Essig nach der Ziehzeit abseihen, auffangen und in eine sterile Flasche füllen. Hält kühl und dunkel gelagert bis zu 1 Jahr.

HOLUNDERBLÜTENSIRUP

Wenn überall bauschig-weißgelbe Blüten die Landschaft zieren, erreicht der Frühling seinen Höhepunkt. Aus den Blüten lässt sich köstlicher Sirup herstellen. Mit Mineralwasser aufgegossen und mit Eiswürfeln und Zitronenscheiben garniert, wird daraus eine perfekte Erfrischung. Wer einen Tick Säure verträgt, gibt einen Teelöffel Holunderblütenessig (S. 74) dazu – schon entsteht ein süßsäuerlicher Shrub.

ZUTATEN

für 4 Flaschen à ca. 900 ml Fassungsvermögen

2 l **Wasser** · 2 kg **Zucker** ·
3–4 **Bio-Zitronen** ·
30 **Holunderblütendolden**
ohne Stängel (ca. 200 g) ·
2 EL **Zitronensäure**

TIPP

Auch die Blüten von Rotklee, Schafgarbe oder die Blätter von wilder Minze können nach diesem Rezept zu Sirup verarbeitet werden.

Wasser und Zucker in einem großen Topf unter Rühren aufkochen und unter weiterem Rühren so lange köcheln lassen, bis sich der Zucker aufgelöst hat, dann abkühlen lassen.

Zitronen in Scheiben schneiden. Nun die Holunderblütendolden, Zitronensäure und Zitronenscheiben zum Zuckersirup geben. Zugedeckt 2–3 Tage an einem kühlen Ort durchziehen lassen, dabei einmal am Tag umrühren.

Sirup nach der Ziehzeit abseihen und in einem zweiten Topf auffangen. Sirup einmal aufkochen, anschließend heiß in sterile Flaschen füllen und gut verschließen. Der Holunderblütensirup hält gut gekühlt bis zu 6 Monate.

HOLUNDERBLÜTENEIS
AM STIEL

*Wenn es im Spätfrühling schon vorsommerlich heiß wird,
kühlt unsere Münder nichts so sehr wie ein kalter Eislutscher.
Und wenn dieser auch noch nach Holunderblüten schmeckt,
werden genau solche Tage zum Highlight.*

ZUTATEN

für 6–8 Eislutscher

6–8 Zweige **Minze** ·
120 ml **Holunderblütensirup**
(S. 77) · 600 ml **Wasser**

Je 1 Zweig Minze in Eisförmchen (90–120 ml Füllmenge) geben. Holunderblütensirup und Wasser vermischen und in die Förmchen füllen.

Stiele einstecken und die Flüssigkeit über Nacht durchfrieren lassen.

Die Förmchen vor dem Servieren kurz in warmes Wasser tauchen, dann löst sich das Eis besser.

TIPP

*Statt Eisförmchen eignen
sich auch kleine Plastikbecher.
Dafür die Flüssigkeit leicht anfrieren
lassen und erst dann die Stiele
einstecken, damit sie nicht umfallen.*

DER FRÜHLING
VERSCHLEIERT NUN WIEDER
DIE ERDE GANZ
MIR ZARTEM LAUBGEFIEDER,
MIT BLÜTENGLANZ;
NUN EILET ZUM TANZ
HIER UNTER DEM
BLÜHENDEN FLIEDER!

Hermann Lingg

FRÜHLINGSHAFTER GRÜNER FRÜHSTÜCKSSMOOTHIE

Ein Smoothie, der nicht nur für eilige Momente am Morgen geeignet ist, sondern auch jedes Nachmittagstief vertreibt.

ZUTATEN

für 2 Gläser

2 reife **Bananen** · 2 EL **Mandelmus** · 2 EL **Tannenwipfelhonig** (S. 56) oder **Ahornsirup** · 4 EL **Haferflocken** · 200 ml **Haferdrink** · 200 ml **Wasser** · Saft einer **Orange** · 1 Handvoll **frühlingshafte grüne Blätter** (Spinat, Spitzwegerich, Löwenzahn, Giersch, Brennnessel …) · 2 Zweige **rotes Basilikum** zum Garnieren

Bananen schälen und mit den übrigen Zutaten fein pürieren. Gerät der Smoothie zu dickflüssig, noch etwas mehr Wasser oder Haferdrink hinzufügen. Gut gekühlt auf Eis servieren und mit Basilikum garnieren.

TIPP

„Sommersprossige" Bananen schälen und in Gefrierbeuteln tiefkühlen – aus ihnen wird schnell ein gut gekühlter Smoothie.

WALDMEISTERSIRUP

Der Waldmeister begegnet uns im Frühling im Wald und an dessen Rändern. Im ersten Moment riecht die Pflanze nach nicht viel, erst durch das Trocknen bildet sich der Geruch heraus und der Duft von frischem Heu steigt uns in die Nase. Manche sprechen sogar vom „Fröhlichmacher aus dem Wald"!

ZUTATEN

für 4 Flaschen à ca. 280 ml Fassungsvermögen

1 Bund **Waldmeister** (vor der Blüte gesammelt!) · 800 ml **Wasser** · 400 g **Zucker** · 1 **Bio-Zitrone** · 1 Zweig **Minze**

TIPP

Wer es grün mag, kann ein paar Tropfen Lebensmittelfarbe vor dem Abfüllen in den Sirup geben.

Waldmeister nach dem Pflücken mindestens einen Tag welken lassen. Dafür die Stängel auf einem Küchentuch ausbreiten und trocknen lassen, erst dann entfaltet sich das Aroma.

Wenn der Waldmeister gut duftet, Wasser und Zucker in einem Topf unter Rühren aufkochen und unter weiterem Rühren so lange köcheln lassen, bis sich der Zucker aufgelöst hat. Waldmeisterblätter von den Stängeln streifen. Zitrone in Scheiben schneiden und mit Waldmeister und Minze in den warmen Zuckersirup legen. Zugedeckt 2–3 Tage an einem kühlen Ort durchziehen lassen. Dabei einmal am Tag umrühren.

Sirup nach der Ziehzeit abseihen und in einem zweiten Topf auffangen. Sirup einmal aufkochen, anschließend heiß in sterile Flaschen füllen und gut verschließen. Der Waldmeistersirup hält gut gekühlt bis zu 6 Monate.

Waldmeistersirup schmeckt gekühlt auf Eis im Verhältnis 1:3:3 mit Mineralwasser und Tonic Water aufgegossen ganz herrlich.

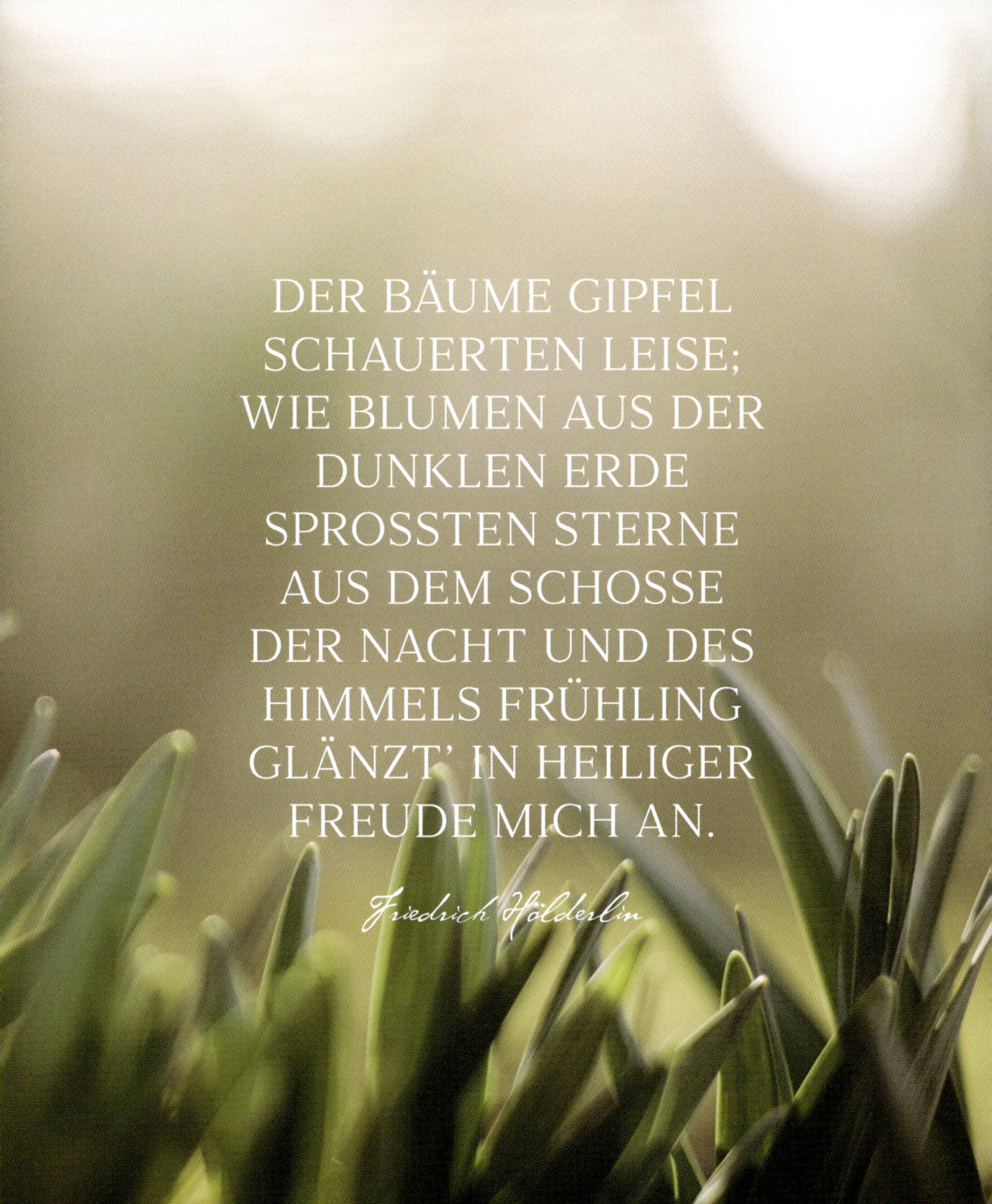

DER BÄUME GIPFEL
SCHAUERTEN LEISE;
WIE BLUMEN AUS DER
DUNKLEN ERDE
SPROSSTEN STERNE
AUS DEM SCHOSSE
DER NACHT UND DES
HIMMELS FRÜHLING
GLÄNZT' IN HEILIGER
FREUDE MICH AN.

Friedrich Hölderlin

SO SCHMECKT DER FRÜHLING

DANKSAGUNG

*It takes a village! Von Herzen danke ich all
jenen wunderbaren Menschen, die an der Entstehung
dieses Buches beteiligt waren.*

Großen Dank an Jasmin Parapatits, die schon so lange an mich
glaubt und meinen Weg begleitet. Du hast mir wieder einmal die
Möglichkeit gegeben, meine Rezepte und Ideen mit der Welt zu
teilen und sie lebendig werden zu lassen.
Dein Vertrauen und deine Unterstützung tun einfach so gut!

Danke, Lukas Lorenz, für die atemberaubenden Fotografien,
welche meine Gerichte erst so richtig zum Leben erweckt haben.
Deine Fähigkeit, jedes Gericht zum Strahlen zu bringen, hat das Buch
zu einem wahren Genuss für die Sinne gemacht.

Danke an meine Lektorin Katharina Wind, die mit ihrem
respektvollen Blick und wertvollen Feedback nicht nur meine Texte,
sondern auch meine Rezepte bereichert hat. Durch dich bekommen
Worte eine ganz besondere kulinarische Note.

Danke an Miriam Strobach, deren kreatives Design und liebevolle
Gestaltung das gesamte Werk so wunderbar abrunden. Die harmo-
nische Kombination aus Layout, Bildern und Text schafft eine
Atmosphäre, die zum ewigen Verweilen einlädt.

Danke, liebe Leserin und lieber Leser. Ich hoffe, dass Sie
beim Kochen und Genießen dieser Rezepte ebenso viel Freude
haben werden, wie ich es während der Kreation hatte.

Mit liebem Gruß

Bernadette

TEAM

Bernadette Wörndl — *Rezepte & Foodstyling*

Hat an der Wiener Kunstschule Food Art für sich entdeckt, Erfahrungen in Profiküchen gesammelt und einige Zeit in San Francisco im Chez Panisse gearbeitet. In Wien hat sie bei Babette's Spice and Books for Cooks, einem Kochbuch- und Gewürzgeschäft, Geschmäckern eine neue Note verliehen. Aus diesen Rezepten entstand schließlich ihr erstes Kochbuch – weitere durften folgen. Bernadette ist Kochbuchautorin, Foodstylistin und kreiert Hochzeitstorten. Sie entwickelt Rezepte und Konzepte und gibt regelmäßig Sauerteigbrot-Workshops.

Der Geschmack von Frühling ist ihr sechstes Kochbuch. *Frühling* ist für sie nicht nur eine Jahreszeit, vielmehr ein Gefühl, das die Herzen erblühen lässt.

bernadettewoerndl.at · Instagram: @bernadettewoerndl

Lukas Lorenz — *Fotografie*

Lebt und arbeitet in Wien. Er liebt den Wiener Charme samt Ironie und Zweideutigkeit. Durch seine Arbeit verleiht er Ideen und Visionen ein fotografisches Gesicht. Seine große Liebe ist das Spiel mit Licht, Farbe und Komposition.

lukaslorenz.com

Miriam Strobach — *Grafische Gestaltung*

Geboren in Bayern, lebt in Wien, hat in Graz Informations-design studiert und in Paris die Liebe zur Kulinarik entdeckt. Als Mitbegründerin von Le Foodink konzipiert und gestaltet sie Projekte im Bereich Essen und Trinken.

lefoodink.com

Katharina Wind — *Lektorat*

Fand nach dem Studium der Germanistik und Anglistik in Deutschland und England nach Wien. Sie liebt die Schönheit der Sprache, lektoriert am liebsten Kochbücher und genießt es, Rezepte im Kopf nachzukochen und Wörter duften zu lassen.

Die in diesem Buch gewählten geschlechtlichen Formen beziehen sich immer zugleich auf weibliche, männliche und diverse Personen, denn natürlich sollen unsere Bücher allen Menschen Freude bringen.

Wir haben bewusst zwischen der weiblichen, männlichen und einer offenen Schreibweise abgewechselt, um diese Herzensangelegenheit zu unterstreichen.

In einigen Fällen war es nicht möglich, für den Abdruck der Texte die Rechteinhaber:innen zu ermitteln. Honoraransprüche der Autor:innen, Verlage und ihrer Rechtsnachfolger:innen bleiben gewahrt.

© 2025 arsEdition GmbH, Friedrichstr. 9, D-80801 München

Alle Rechte vorbehalten

Rezepte und Foodstyling: Bernadette Wörndl

Fotos: Lukas Lorenz

Illustrationen: Long Summer, Creative Market

Gestaltung Cover: Miriam Strobach, Le Foodink

Innenteil: Miriam Strobach, Le Foodink

Lektorat: Katharina Wind

ISBN 978-3-8458-6299-6

Wir behalten uns die Nutzung unserer Inhalte für Text und Data Mining im Sinne von § 44b UrhG ausdrücklich vor.

www.arsedition.de